Analyse de l'œuvre

Par Maël Tailler et Larissa Duval

La Ferme des animaux

de George Orwell

lePetitLittéraire.fr

Rendez-vous sur lepetitlitteraire.fr et découvrez :

Plus de 1200 analyses
Claires et synthétiques
Téléchargeables en 30 secondes
À imprimer chez soi

GEORGE ORWELL

ÉCRIVAIN ANGLAIS

- **Né en 1903 à Motihari (Bengale)**
- **Décédé en 1950 à Londres**
- **Quelques-unes de ses œuvres :**
  - *La Catalogne libre* (1938), récit
  - *La Ferme des animaux* (1945), roman
  - *1984* (1949), roman

George Orwell (de son vrai nom Eric Arthur Blair) est un écrivain anglais né en 1903 à Motihari (Bengale). Après des études en Angleterre, il retourne aux Indes et s'engage dans la police impériale en Birmanie. Il démissionne en 1928 et décide de devenir écrivain.

S'ensuivent des années d'errance à Paris et à Londres, où il côtoie les plus démunis (*Dans la dèche à Paris et à Londres*, 1933). Il occupe ensuite diverses fonctions (libraire, enseignant, chroniqueur) avant de s'engager dans la guerre civile d'Espagne contre les fascistes (*La Catalogne libre*, 1938).

Pendant la Seconde Guerre mondiale, il se consacre au journalisme et à l'écriture de ses romans les plus célèbres, *La Ferme des animaux* (1945) et *1984* (1949). Orwell meurt de la tuberculose à Londres en 1950.

LA FERME DES ANIMAUX

UNE CRITIQUE DU POUVOIR POLITIQUE

- **Genre :** roman allégorique
- **Édition de référence :** *La Ferme des animaux*, traduit de l'anglais par Jean Queval, Paris, Gallimard, coll. « Folio », 1984, 160 p.
- **1ʳᵉ édition :** 1945
- **Thématiques :** utopie, communisme, totalitarisme, égalité, pouvoir

Publié en 1945 (et traduit en français en 1947), *La Ferme des animaux* est un roman allégorique qui relate la prise de pouvoir des animaux dans une ferme dont ils excluent les hommes.

Ce texte est en fait une critique du stalinisme et, plus largement, du totalitarisme, à travers la figure des cochons qui bafouent les principes égalitaires mis en place lors de la révolte contre les hommes, et instaurent peu à peu un système d'oppression et d'exploitation dont sont victimes les autres animaux.

Ce roman très célèbre fait désormais partie des classiques de la littérature anglaise.

LA RÉVOLUTION

Alors que Mr Jones, le propriétaire de la Ferme du Manoir, est allé se coucher, les animaux de la ferme se réunissent dans la grange pour écouter Sage l'Ancien, le doyen des cochons : en effet, ce sont eux qui passent pour être les plus intelligents. Celui-ci incite ses congénères à se révolter contre le seul animal qui consomme sans produire et exploite tous les autres : l'homme. Véritable prophète, il a tiré de ces principes une doctrine, l'animalisme. S'étant souvenu, en rêve, d'une vieille chanson qui annonce l'âge d'or des animaux, *Bêtes d'Angleterre*, il l'entonne, et tous la reprennent en choeur avec frénésie, jusqu'à ce que Mr Jones, réveillé par le vacarme, tire un coup de feu pour chasser un éventuel renard. À la mort de Sage l'Ancien, Napoléon, Boule de Neige et Brille-Babil, trois cochons ayant appris à lire, s'efforcent d'instruire les autres animaux : ils leur enseignent l'alphabet et l'animalisme afin de jeter les bases de la révolution.

Cela ne tardera pas à porter ses fruits : lorsque Mr Jones néglige de nourrir les animaux, ceux-ci le chassent avec sa femme et ses ouvriers. Devenus maitres de la ferme, ils s'empressent de faire disparaitre tous les instruments de l'oppression dont ils ont été victimes et décident de diriger eux-mêmes l'exploitation, désormais rebaptisée « Ferme des Animaux ». Le lendemain, avant d'aller récolter le foin aux champs, les cochons écrivent sur un des murs les sept commandements de l'animalisme :

- Tout deuxpattes est un ennemi.
- Tout quatrepattes ou tout volatile, un ami.
- Nul animal ne portera de vêtements.
- Nul animal ne dormira dans un lit.
- Nul animal ne boira d'alcool.
- Nul animal ne tuera un autre animal.
- Tous les animaux sont égaux.

Le dimanche, les cochons dirigent l'Assemblée et organisent ainsi la vie des autres. Devant l'incapacité de la plupart à apprendre à lire, Boule de Neige ramène les sept commandements à une maxime unique : « Quatrepattes, oui ! Deuxpattes, non ! », que les moutons scandent à tout bout de champ. Napoléon, quant à lui, reste en retrait, mais enlève et séquestre discrètement neuf chiots qui lui seront d'une grande aide lors de la prise de pouvoir qu'il prépare secrètement. Le temps passe et les cochons s'octroient de plus en plus de droits, prétextant que, sans eux, il serait impossible de diriger la ferme.

Très vite, les fermiers des alentours apprennent le soulèvement par Mr Jones et répandent des calomnies à l'encontre des animaux, car l'hymne révolutionnaire, *Bêtes d'Angleterre*, se répand dans les campagnes. Le 12 octobre, ce dernier, accompagné de quelques hommes de main, tente de reprendre possession de sa ferme. Mais les animaux, commandés par Boule de Neige, parviennent à les faire fuir, et, à compter de ce jour, le 12 octobre devient une journée commémorative : celle de la bataille de l'Étable. Par ailleurs, Lubie, une jument coquette et paresseuse, quitte définitivement la ferme parce qu'on l'accuse de s'être laissé caresser par un humain.

LA PRISE DE POUVOIR

Le mois de janvier arrive et, en cette saison difficile pour tous, la rivalité entre Boule de Neige et Napoléon grandit de plus en plus. Le premier veut construire un moulin et mettre l'accent sur la propagande, alors que le second ne voit là qu'une perte de temps et insiste sur l'importance d'organiser la défense de la ferme. Au cours d'une assemblée, Napoléon fait un putsch grâce aux neuf molosses qu'il a élevés en secret, contraignant Boule de Neige à l'exil, et provoquant la dissolution de l'assemblée. Désormais, seul un comité de cochons présidé par Napoléon dirigera la ferme. Devenu son porte-parole, Brille-Babil s'applique à réviser l'histoire : selon ses dires, Napoléon aurait toujours souhaité construire un moulin. Investissant la maison ayant appartenu à Mr Jones, les cochons révisent et bafouent les sept commandements et s'octroient de nouveaux avantages, pendant que Brille-Babil continue de laver la mémoire des animaux.

Un an plus tard, les animaux travaillent toujours dur aux champs et à la construction du moulin. Quand certains produits provenant de l'extérieur commencent à manquer, Napoléon exprime le souhait de faire du commerce avec les fermes voisines. À l'extérieur, les hommes s'étonnent de la stabilité de la Ferme des Animaux, qu'ils raillaient à ses débuts.

Une nuit de novembre, le moulin est détruit par des vents violents. Affirmant que c'est l'œuvre de Boule de Neige,

Napoléon proclame sa condamnation à mort. Une rumeur court d'ailleurs à son propos : Boule de Neige serait de retour. Lorsqu'il l'apprend, Napoléon lui impute tous les maux de la ferme et Brille-Babil en fait l'ennemi numéro un. Les animaux s'appliquent aussitôt à rebâtir un moulin plus solide, mais quand la nourriture vient à manquer, l'enthousiasme leur fait également défaut. Afin d'écraser toute révolte, Napoléon s'appuie sur ses molosses et fait publiquement exécuter plusieurs animaux considérés comme traitres. Par ailleurs, *Bêtes d'Angleterre* est désormais interdit car, selon Brille-Babil, la révolution a réussi. Prenant conscience qu'ils se sont éloignés de leur projet initial, Douce, la jument, Benjamin, l'âne sceptique, et d'autres renoncent à se révolter.

Le labeur continue donc, mais seuls Napoléon, les cochons et les chiens en tirent profit. À l'automne, le moulin est achevé. Mais contrairement à ce que tous croyaient, il ne servira pas à améliorer la vie de la ferme. Napoléon conclut un accord sur une vente de bois avec Frederick, un fermier voisin. Mais ce dernier le trahit et, le lendemain, attaque la ferme avec plus d'hommes et de fusils que Mr Jones ne l'avait fait en son temps : c'est la bataille du Moulin à Vent. Les animaux remportent la victoire, au prix de lourdes pertes : outre les morts et les blessés, le moulin est à nouveau détruit. Les jours suivants, les cochons célèbrent cette victoire en organisant des célébrations et en se soulant au whisky. Brille-Babil, de son côté, continue à déformer les sept commandements : « Aucun animal ne boira d'alcool » est désormais assorti des mots « à l'excès ».

À L'IMAGE DE L'HOMME

L'hiver est plus rude que le précédent et les rations se font plus petites. Napoléon, quant à lui, développe le culte de sa personnalité et organise des cérémonies. Il proclame la République et en prend la présidence. Au même moment, certains animaux commencent à s'interroger sur leur retraite. Blessé durant la bataille, le brave Malabar, un cheval, doit être conduit chez un vétérinaire, mais c'est un équarrisseur qui vient le chercher. Benjamin tente d'arrêter le fourgon, en vain. Pour apaiser les consciences, Brille-Babil maquille à nouveau l'histoire, et Napoléon organise un banquet en l'honneur du défunt.

Les années se sont écoulées, et peu se souviennent encore des jours avant le soulèvement. Beaucoup sont morts ; aucun n'a profité de la retraite. Le moulin est enfin terminé, et la ferme est devenue plus prospère. Mais les bénéfices profitent seulement aux chiens et aux cochons. Un jour, alors que les moutons répètent un nouveau slogan : « Quatrepattes bon ! Deuxpattes mieux ! », Napoléon et les autres cochons sortent en marchant sur deux pattes. Benjamin lit alors à Douce le seul commandement qui reste sur le mur de l'étable : « Tous les animaux sont égaux, mais certains sont plus égaux que d'autres. » Peu à peu, les cochons se mettent à utiliser publiquement tous les vêtements et ustensiles des hommes, fouet y compris. Un soir, au cours d'un banquet auquel ils ont invité les fermiers voisins, Napoléon déclare qu'il a modifié les emblèmes et le nom de la ferme qui redevient la Ferme du Manoir. Observant la scène par la fenêtre, Douce et quelques autres ne parviennent plus à distinguer les cochons des hommes.

ÉTUDE DES PERSONNAGES

La Ferme des animaux peut être lu comme un roman à clé : il représente allégoriquement l'histoire de l'Union soviétique dans la première moitié du XXe siècle. Nous allons donc ici souligner certains parallélismes entre personnages fictifs et figures historiques (sans être exhaustif).

L'UNION SOVIÉTIQUE

En 1917, excédée par la misère dans laquelle la politique du tsar Nicolas II la maintient (Première Guerre mondiale, retard du développement, pauvreté, famine), la population russe se soulève et instaure le premier régime communiste du monde. Le communisme est une doctrine politique élaborée d'après le théoricien Karl Marx (1818-1883).

C'est un modèle de société fondé sur la suppression des classes sociales et de la propriété privée, où les richesses sont mises en commun et les individus sur un pied d'égalité. Économiquement, au lieu de répondre à la loi de l'offre et de la demande, la production (agriculture, industrie, etc.) est planifiée et contrôlée par l'État, qui a la mainmise sur pratiquement toutes les activités du pays.

Porté par des idéaux généreux, le communisme russe se transformera rapidement en régime totalitaire. Après une dizaine d'années de réformes plus ou moins heureuses (pour l'agriculture et l'industrie principalement), Staline prend seul le pouvoir et règnera sans partage. Il évince tous ses opposants (réels ou suppo-sés) au cours de procès truqués, instaure la propagande révolutionnaire, la manipulation de l'information et de l'histoire, le culte de la personnalité, les goulags (camps de travail), etc.

Après la Seconde Guerre mondiale, l'URSS profite de la défaite allemande pour mettre en place des régimes communistes (et dictatoriaux) dans toute l'Europe de l'Est. Malgré la mort de Staline en 1953, ces régimes resteront en place jusqu'en 1989, année de la chute du mur de Berlin. Aujourd'hui, Cuba, la Chine et la Corée du Nord sont les derniers pays à maintenir des régimes communistes, très éloignés toutefois de la doctrine marxiste originelle.

LES HOMMES

Mr Jones

Propriétaire de la Ferme du Manoir dont il assure la gestion, il exploite les animaux par habitude. Mais il perd peu à peu gout à l'ouvrage, se réfugie dans l'alcool et oublie de nourrir les bêtes. Celles-ci se révoltent et le contraignent à l'exil. Il peut représenter le tsar Nicolas II : négligent à l'égard de son peuple, incapable de réformer l'Empire russe, il a dû faire face à la révolution de 1917 et abdiquer.

Les fermiers voisins : Frederick et Pilkington

Le premier, propriétaire de la ferme de Pinchfield, porte un nom aux consonances allemandes. Passé le temps des calomnies, il conclut en secret un pacte avec les cochons (vente de bois) avant de les trahir et de tenter d'envahir leur ferme. Frederick rappelle ainsi Hitler qui, malgré le pacte germano-soviétique (accord de non-agression entre Hitler et Staline conclu en 1939), a entrepris de conquérir l'Union soviétique.

Le second, propriétaire de la ferme de Foxwood, est qualifié de « gentleman farmer » (p. 45). Méfiant à l'égard de la Ferme des Animaux, il cherche cependant lui aussi à conclure discrètement des accords avec elle. Pilkington, à la tête d'une « vaste exploitation mal tenue et vieux jeu » (p. 45) qui rappelle l'Empire britannique, pourrait représenter Churchill.

Frederick et Pilkington, tous deux opposés à l'animalisme, sont pourtant incapables de s'associer, comme leurs homologues historiques.

LES COCHONS

Sage l'Ancien

Sage l'Ancien est le plus éclairé et le plus vénéré des animaux. Au début du récit, il a l'intuition d'une société plus juste débarrassée de l'homme (l'exploiteur) dans laquelle les animaux (qu'il appelle « camarades »), tous égaux en droits, se gouverneraient eux-mêmes et partageraient les richesses (p. 10-16). Selon une lecture allégorique, Sage l'Ancien correspond à Marx, dont la philosophie a grandement influencé le communisme moderne (notamment l'idée du renversement des classes dirigeantes – les hommes – par le prolétariat – les animaux).

Napoléon

Napoléon est un « grand et imposant Berkshire » peu bavard et décidé (p. 21). Ce cochon autoritaire va rapidement renverser le régime égalitaire mis en place après le soulèvement grâce à son armée de chiens et imposer une dictature. Par bien des côtés (culte de sa personnalité, règne de terreur, purges politiques, révision de l'histoire, etc.), ce « Père de tous les animaux » (p. 101) rappelle le « Petit Père des Peuples » qu'était Staline.

Boule de Neige

Boule de Neige, un cochon vif d'esprit (p. 21), fort de ses lectures, tente d'éduquer les animaux et d'organiser la ferme. Il s'efforce sincèrement d'améliorer les conditions de vie de ses compagnons (projet du moulin) et se bat courageusement lors de la bataille de l'Étable. Par son exil, sa condamnation à mort, la campagne de diffamation organisée contre lui et sa volonté d'étendre le soulèvement à d'autres exploitations, cet acteur majeur de la révolution rappelle plus Trotski que Lénine.

Brille-Babil

Brille-Babil, un « goret bien en chair et de petite taille » (p. 21), se distingue de ses congénères par son éloquence (« babiller » signifie « parler beaucoup et à propos de rien » tandis que son nom en anglais, Squealer, renvoie au verbe *to squeal* qui signifie « couiner » ou « moucharder ») et son pouvoir de persuasion. Vénal, il rejoint rapidement le camp du plus fort, Napoléon, dont il se fait le porte-parole. Il incarne les organes de propagande soviétique (tel le quotidien *La Pravda*) qui se sont appliqués à réviser l'histoire et à promouvoir le régime.

LES CHIENS

Les neuf molosses élevés puis favorisés par Napoléon constituent les forces de l'ordre. Ils représentent la police politique de Staline.

LES MOUTONS

Les moutons, ces êtres incapables de penser par eux-mêmes ne cessent de scander les slogans qu'on leur impose, sans réaliser qu'ils sont souvent contradictoires et contraires à leur intérêt. Ainsi, le « Quatrepattes, oui ! Deuxpattes, non ! » initial se transforme finalement en « Quatrepattes bon ! Deuxpattes, mieux ! », sans qu'ils s'en offusquent. Les moutons (qui passent généralement pour des animaux conformistes dans le langage courant) représentent les masses endoctrinées.

LE CHEVAL MALABAR

Comme son nom l'indique, Malabar se distingue par sa force. Dans la version originale, il s'appelle d'ailleurs Boxer. Courageux, mais plutôt bête et naïf, ce cheval de trait se tue à la tâche aux champs et lors de la (re)construction du moulin. Ses devises sont « Je vais travailler plus dur » (il dort moins pour faire avancer les travaux, p. 35) et « Napoléon ne se trompe jamais » (il est incapable d'imaginer que son chef le manipule, p. 65). Malabar représente les travailleurs productifs et militants, dévoués à leur régime et pourtant exploités (en URSS, le stakhanovisme, du nom d'un mineur particulièrement productif qui était mis en avant par le régime stalinien, désignait cette doctrine faisant l'apologie du travail).

LE CORBEAU MOÏSE

Apprivoisé par Mr Jones, le corbeau Moïse raconte à qui veut l'entendre qu'il existe dans l'au-delà ce qu'il nomme la Montagne de Sucrecandi, un monde meilleur où tous iront après la mort. Il est présent lorsque les animaux ont besoin de croire pour continuer à vivre : au début du récit, lorsque, affamés, ils souffrent de la paresse du fermier ; et à la fin, lorsqu'ils sont à nouveau malheureux, opprimés par les cochons. Ces derniers, bien qu'ils le méprisent, se servent de Moïse et de ses histoires pour maintenir les animaux sous leur joug, leur promettant que s'ils travaillent dur sans protester, ils auront mérité de rejoindre cet ailleurs fabuleux.

Personnage apportant du réconfort aux opprimés tout en servant les intérêts du pouvoir, le corbeau Moïse représente le clergé de l'Église orthodoxe russe.

CLÉS DE LECTURE

UN APOLOGUE

L'apologue est un court récit allégorique à visée argumentative et didactique qui renferme une morale. Si *La Ferme des animaux* reste d'abord un roman, il reprend la plupart des caractéristiques de l'apologue.

La simplicité

L'apologue est un récit bref, à l'intrigue claire, dont la langue est simple, et avec peu de personnages, souvent typés (des animaux, par exemple, dans le sous-genre qu'est la fable).

Dans *La Ferme des animaux* : l'œuvre est en effet brève (10 chapitres pour un total de 151 pages) et exprimée dans une langue accessible à tous ; l'histoire tient en peu de mots (des animaux prennent le pouvoir dans une ferme où ils établissent l'égalité entre tous avant qu'une caste de cochons ne réinstaure une dictature) ; les personnages sont des animaux qui représentent des types sociaux (les cochons sont des chefs paresseux, les moutons incarnent le peuple bête, conformiste et soumis, les chevaux de trait sont travailleurs et dociles, etc.).

Le double sens

Un apologue se présente comme une longue métaphore filée sous-entendue par l'auteur, car les personnages et les situations renvoient à autre chose qu'eux-mêmes.

La Ferme des animaux représente la société humaine, et plus particulièrement une société humaine précise à un moment donné de son histoire : la Russie (devenue URSS) dans la première moitié du XXe siècle. De plus, les personnages renvoient à des personnes réelles. Napoléon, par exemple, est un cochon dominant qui incarne la figure du dictateur, derrière laquelle il est facile de reconnaitre Staline.

La dimension argumentative

Le schéma narratif de l'apologue est construit de manière à mettre en évidence une idée.

La Ferme des animaux défend une thèse claire : le soulèvement a échoué, les cochons s'en sont servis pour instaurer peu à peu un régime aussi mauvais, voire pire que celui de Mr Jones. Cette idée s'impose au lecteur par différents moyens :

- l'opposition claire entre des personnages positifs (les chevaux, l'âne, les poules) et négatifs (les chiens, les cochons – à l'exception de Sage l'Ancien et de Boule de Neige – et, dans une moindre mesure, les moutons) ;
- une gradation au fil des chapitres, avec les injustices et violences à l'encontre des opprimés (Napoléon et ses chiens), le détournement de la loi issue des paroles de Sage l'Ancien, la transformation de l'histoire de la bataille de l'Étable (Brille-Babil), les inégalités grandissantes, le mimétisme entre les cochons et les hommes ;
- l'omniscience du narrateur, faussement objectif (il souligne discrètement le cynisme de Brille-Babil, p. 138-139, par exemple) ;

- la structure cyclique du livre. Le chapitre 10 fait ouvertement écho au chapitre 1. Le narrateur y dresse un bilan depuis les jours d'avant le soulèvement, et il apparait que peu de choses ont changé : les animaux sont toujours exploités et misérables ; les cochons se comportent comme les hommes ; la ferme a retrouvé son nom d'origine ; l'inégalité est à nouveau la loi.

L'enseignement ou la réflexion

L'apologue vise à instruire en mettant en lumière une certaine morale (explicite ou implicite) ou une certaine vérité (portant sur les hommes, la société, le monde).

Dans *La Ferme des animaux*, si le livre instruit (le lecteur découvre de manière didactique la façon dont une utopie généreuse peut être détournée et laisser place insidieusement à un régime totalitaire et brutal), sa morale reste assez implicite, voire absente. En effet, aucune attitude, aucun acte ne permettent d'améliorer la situation : ni l'optimisme (Malabar, Douce), ni le pessimisme (Benjamin), ni la fuite (Lubie, Boule de Neige), ni la soumission (la plupart), ni la timide révolte (les « traitres » exécutés). Le fatalisme s'impose : l'égalité entre les animaux est une chimère, puisque certains seront toujours « plus égaux que d'autres » (p. 144).

Les différentes formes d'apologue

L'apologue peut revêtir plusieurs formes : la fable, le fabliau, la parabole, l'utopie, le conte et la nouvelle. Le roman, genre auquel appartient *La Ferme des animaux*, ne fait pas partie de cette liste, mais il peut simplement être considéré comme une nouvelle forme d'apologue.

UNE DÉNONCIATION DU TOTALITARISME

Des parallélismes avec l'histoire soviétique...

La Ferme des animaux fait un parallèle avec de nombreux évènements majeurs de l'histoire russe.

Chapitre du roman	Élément du roman	Correspondance dans l'histoire de l'URSS
1	Exploitation des animaux par Mr Jones ; songe de Sage l'Ancien	Tsarisme (Nicolas II) ; diffusion des idées révolutionnaires de Karl Marx
2-3	Soulèvement des animaux et organisation de la Ferme des Animaux ; le chant « Bêtes d'Angleterre » clôt toutes les réunions	Révolutions de Février et d'Octobre 1917, et mise en place d'un régime soviétique ; L'« Internationale », le chant des travailleurs révolutionnaires, devient l'hymne national de l'URSS
4	Bataille de l'Étable (durant laquelle Mr Jones est appuyé par des hommes de Frederick et Pilkington)	Guerre contre les armées blanches (tsaristes, monarchistes, républicains appuyés par des forces issues des pays étrangers)
5	Rivalité entre Boule de Neige et Napoléon ; le premier est contraint de fuir	Rivalité entre Trotski et Staline ; persécution du premier qui s'exile
6-7	Règne de terreur de Napoléon ; exécution des traitres ; directives du dimanche à l'Assemblée et construction du moulin	Stalinisme ; procès de Moscou ; plans quinquennaux et modernisation de l'URSS

La Ferme des animaux © LePetitLittéraire.fr

Chapitre du roman	Élément du roman	Correspondance dans l'histoire de l'URSS
8	Napoléon hésite à passer un accord avec Frederick ou avec Pilkington (vente de bois), puis Frederick tente d'envahir la Ferme des Animaux, mais échoue	Lors de la Seconde Guerre mondiale, Staline hésite à s'allier avec l'Angleterre ou avec l'Allemagne ; cette dernière envahit l'URSS, mais est repoussée
9-10	Napoléon poursuit son règne de terreur, la ferme est plus prospère et plus inégalitaire encore. Finalement, les hommes sont invités à la table des cochons	Après la guerre, le stalinisme s'endurcit et l'URSS se pérennise. Staline et l'élite s'enrichissent tandis que la diplomatie reprend avec les autres pays (conférence de Yalta en février 1945)

La Ferme des animaux © LePetitLittéraire.fr

... à une analyse globale des mécanismes du pouvoir

Le roman n'est cependant pas un calque de l'histoire russe. Plusieurs éléments discordants suggèrent qu'il ne faut pas s'arrêter à cette lecture particulière (le dictateur s'appelle Napoléon, l'histoire se passe dans la campagne anglaise, le soulèvement a lieu en juin alors que les révolutions russes ont eu lieu en février puis en octobre 1917, etc.).

Dans *La Ferme des animaux*, l'auteur traduit en fait son scepticisme et son pessimisme non seulement à l'égard du socialisme dont il a pourtant été l'un des plus ardents défenseurs durant sa jeunesse (en effet, Orwell a été l'un des premiers intellectuels européens à dénoncer le stalinisme à une époque où les démocraties européennes évitaient à tout prix de froisser le dictateur et refusaient de voir les vices de ce régime), mais plus généralement vis-à-vis du pouvoir politique. « La politique par sa nature même, implique violence et mensonge », nous dit-il (ANGUS I. et ORWELL S., *The Collected Essays, Journalism and Letters of George Orwell*, vol. IV, London, Secker and Warburg, 1970, p. 463). C'est ainsi qu'il faut comprendre la ressemblance finale entre les cochons et les hommes : peu importe l'idéologie, finalement, pourvu qu'on ait le pouvoir. Et si pouvoir il y a, il implique nécessairement inégalités, corruption et trahison des idéaux initiaux.

Sous une apparence innocente (un apologue où dialoguent les animaux d'une ferme), Orwell expose de manière quasi didactique comment une utopie généreuse peut entrainer le pire des régimes politiques.

LE LANGAGE COMME MOYEN D'OPPRESSION

Orwell étudie donc avec *La Ferme des animaux* les différents mécanismes permettant à une minorité au pouvoir de détourner la révolution à son propre profit. L'un des moyens auxquels les cochons recourent pour appuyer leur emprise sur les autres est la manipulation par le langage.

L'utilisation du langage dans le but de rallier les autres à une cause spécifique est visible dès le discours de Sage l'Ancien, qui utilise diverses techniques rhétoriques pour convaincre son public :

- il commence par se présenter comme quelqu'un de sage, qu'il est donc légitime d'écouter, tout en se positionnant en égal des autres en les appelant « camarades » ;
- il continue en décrivant avec insistance la situation misérable des animaux ;
- il joue sur leurs sentiments en affirmant que les choses n'ont pas à rester telles quelles sont, qu'elles peuvent être meilleures ;
- il rejette la faute de tous leurs malheurs sur un ennemi unique, l'Homme ;
- il simplifie son discours à l'extrême, en énonçant un seul objectif (« Débarrassons-nous de l'Homme, et nôtre sera le produit de notre travail », p. 7) et une courte série de slogans – qui deviendront les dix commandements ;
- il crée la communion par le chant en entonnant *Bêtes d'Angleterre*.

Dans ce cas-ci, cependant, la rhétorique est utilisée dans un but de partage d'un idéal noble, sans arrière-pensée.

Par la suite, les cochons détournent les bases posées par Sage l'Ancien à leur profit et manipulent l'information. Ainsi, par le biais de la propagande, les meneurs sont en mesure de faire croire au peuple que sa situation ne peut changer : elle est telle qu'elle est et ne peut être meilleure. Il s'agit donc d'être heureux de son sort et de remercier les cochons pour cela. C'est surtout Brille-Babil qui incarne cette propagande, et il n'hésite pas à user de plusieurs techniques :

- la peur permettant de faire adhérer les animaux à certains de leurs dictats (ils jouent par exemple sur la crainte du retour de Mr Jones) ;

- la communication de chiffres mensongers laissant croire aux animaux qu'ils sont mieux nourris qu'avant ;
- la simplification à l'extrême des principes à retenir, comme les dix commandements, eux-mêmes bientôt ramenés au slogan « Quatrepattes, oui ! Deuxpattes, non ! » ;
- les explications alambiquées, utilisant des mots trop complexes pour les animaux, ce qui permet de semer la confusion et de faire passer un raisonnement absurde comme étant logique. Ainsi, si les cochons s'octroient des avantages, ce n'est que parce que cela participe au bien commun. « Quand on leur présentait les choses sous ce jour, [les animaux] n'avaient rien à redire. » (p. 25) ;
- la révision progressive des dix commandements et du mot d'ordre (qui devient « Quatrepattes, bon ! Deuxpattes, mieux ! ») afin qu'ils servent les intérêts du groupe dominant ;
- l'attribution de différents titres honorifiques à Napoléon, ainsi que l'écriture de poèmes et de discours élogieux de sa personnalité, dans le but de créer un véritable culte autour de lui.

On peut bien sûr y voir une critique de l'URSS, qui a utilisé très souvent la manipulation de l'information (censure, fabrication de preuves dans les procès staliniens, propagande mensongère, etc.). Une des clés de ce processus est d'ailleurs la falsification de l'Histoire (le révisionnisme) : beaucoup de communistes tombés en disgrâce aux yeux de Staline ont ainsi été éliminés et littéralement effacés de la mémoire collective (les photos où ils figuraient ont été retouchées pour qu'ils n'y apparaissent plus, par exemple). De la même manière, les cochons n'hésitent pas à réécrire les dix commandements, pourtant supposés immuables.

L'appel à la vigilance d'Orwell face à la faculté qu'a la propagande de s'immiscer dans les esprits, même éduqués, ne se limite pourtant pas à l'URSS. L'endoctrinement démagogique de Brille-Babil, aux discours vides de sens, mais captivants, n'est pas l'apanage d'un régime dictatorial puisque les fermes voisines (qui symbolisent pour la plupart des démocraties capitalistes) la pratiquent également. Orwell nous met en garde contre toutes les formes de manipulation de l'information, souvent insidieuses, visant à éluder le débat et à établir une certaine réalité comme étant la vérité unique et inaltérable.

PISTES DE RÉFLEXION

QUELQUES QUESTIONS POUR APPROFONDIR SA RÉFLEXION...

- Montrez en quoi on peut définir *La Ferme des animaux* comme un apologue.
- Que symbolise le récit ? Développez les principaux éléments qui permettent de le déterminer.
- Les animaux de la ferme agissent différemment en fonction de l'espèce à laquelle ils appartiennent. À quel type de personne ou de réaction peut-on associer chacune d'entre elles ?
- George Orwell nous livre une analyse du communisme extrêmement pertinente. Montrez en quoi cette analyse est valide pour les décennies qui suivent la parution du roman.
- La démarche d'Orwell est-elle destinée uniquement à dénoncer le communisme ? Basez-vous sur les éléments biographiques et les autres œuvres de l'auteur pour répondre.
- En quoi le langage est-il un élément-clé du roman ?
- À quels grands personnages historiques fait-on allusion dans le roman ?
- La dénonciation du totalitarisme faite dans le roman peut-elle encore être pertinente aujourd'hui ? Justifiez et développez votre réponse.
- Effectuez une comparaison du roman avec *Candide* de Voltaire. En quoi peut-on voir dans le roman un héritage des philosophes dés Lumières ?
- Effectuez une comparaison entre le roman et l'album

Animals du groupe Pink Floyd. Quels éléments nous permettent de déterminer que l'album fait référence à l'œuvre d'Orwell ? Expliquez la démarche du groupe.

Votre avis nous intéresse !
Laissez un commentaire sur le site de votre librairie en ligne
et partagez vos coups de cœur sur les réseaux sociaux !

POUR ALLER PLUS LOIN

ÉDITION DE RÉFÉRENCE

- ORWELL G., *La Ferme des animaux*, Paris, Gallimard, coll. « Folio », 1984.

ÉTUDE DE RÉFÉRENCE

- ANGUS I. et ORWELL S., The Collected Essays, Journalism and Letters of George Orwell, vol. IV, London, Secker & Warburg, 1970.

ADAPTATIONS

- *La Ferme des animaux*, long-métrage d'animation britannique de John Halas et Joy Batchelor, 1954.
- *Animals*, album du groupe de rock progressif britannique Pink Floyd, 1977. Le concept de l'album est inspiré du roman d'Orwell, puisque l'humanité y est divisée en trois castes qui donnent leurs titres aux morceaux : « Pigs on the Wing 1 », « Dogs », « Pigs (Three Different Ones) », « Sheep » et « Pigs on the Wing 2 »
- Nombreuses adaptations théâtrales, à Paris et à Londres notamment.

SUR LEPETITLITTÉRAIRE.FR

- Commentaire du chapitre 1 de *La Ferme des animaux* de George Orwell

- Fiche de lecture sur *1984* de George Orwell
- Questionnaire de lecture sur *La Ferme des animaux*
- Questionnaire de lecture sur *1984*

L'éditeur veille à la fiabilité des informations publiées, lesquelles ne pourraient toutefois engager sa responsabilité.

© LePetitLittéraire.fr, 2016. Tous droits réservés.

www.lepetitlitteraire.fr

ISBN version numérique : 978-2-8062-8354-2
ISBN version papier : 978-2-8062-8355-9
Dépôt légal : D/2016/12603/331

Avec la collaboration de Larissa Duval pour les chapitres suivants : « Le corbeau Moïse », « … à une analyse globale des mécanismes du pouvoir » et « Le langage comme moyen d'oppression ».

Conception numérique : Primento,
le partenaire numérique des éditeurs.

Ce titre a été réalisé avec le soutien de la Fédération Wallonie-Bruxelles, Service général des Lettres et du Livre.

Retrouvez notre offre complète sur lePetitLittéraire.fr

- des fiches de lectures
- des commentaires littéraires
- des questionnaires de lecture
- des résumés

ANOUILH
- Antigone

AUSTEN
- Orgueil et Préjugés

BALZAC
- Eugénie Grandet
- Le Père Goriot
- Illusions perdues

BARJAVEL
- La Nuit des temps

BEAUMARCHAIS
- Le Mariage de Figaro

BECKETT
- En attendant Godot

BRETON
- Nadja

CAMUS
- La Peste
- Les Justes
- L'Étranger

CARRÈRE
- Limonov

CÉLINE
- Voyage au bout de la nuit

CERVANTÈS
- Don Quichotte de la Manche

CHATEAUBRIAND
- Mémoires d'outre-tombe

CHODERLOS DE LACLOS
- Les Liaisons dangereuses

CHRÉTIEN DE TROYES
- Yvain ou le Chevalier au lion

CHRISTIE
- Dix Petits Nègres

CLAUDEL
- La Petite Fille de Monsieur Linh
- Le Rapport de Brodeck

COELHO
- L'Alchimiste

CONAN DOYLE
- Le Chien des Baskerville

DAI SIJIE
- Balzac et la Petite Tailleuse chinoise

DE GAULLE
- Mémoires de guerre III. Le Salut. 1944-1946

DE VIGAN
- No et moi

DICKER
- La Vérité sur l'affaire Harry Quebert

DIDEROT
- Supplément au Voyage de Bougainville

DUMAS
• Les Trois
  Mousquetaires

ÉNARD
• Parlez-leur
  de batailles,
  de rois et
  d'éléphants

FERRARI
• Le Sermon sur la
  chute de Rome

FLAUBERT
• Madame Bovary

FRANK
• Journal
  d'Anne Frank

FRED VARGAS
• Pars vite et
  reviens tard

GARY
• La Vie devant soi

GAUDÉ
• La Mort du
  roi Tsongor
• Le Soleil des
  Scorta

GAUTIER
• La Morte
  amoureuse
• Le Capitaine
  Fracasse

GAVALDA
• 35 kilos d'espoir

GIDE
• Les
  Faux-Monnayeurs

GIONO
• Le Grand
  Troupeau
• Le Hussard
  sur le toit

GIRAUDOUX
• La guerre de
  Troie
  n'aura pas lieu

GOLDING
• Sa Majesté des
  Mouches

GRIMBERT
• Un secret

HEMINGWAY
• Le Vieil Homme
  et la Mer

HESSEL
• Indignez-vous !

HOMÈRE
• L'Odyssée

HUGO
• Le Dernier Jour
  d'un condamné
• Les Misérables
• Notre-Dame
  de Paris

HUXLEY
• Le Meilleur
  des mondes

IONESCO
• Rhinocéros
• La Cantatrice
  chauve

JARY
• Ubu roi

JENNI
• L'Art français
  de la guerre

JOFFO
• Un sac de billes

KAFKA
• La Métamorphose

KEROUAC
• Sur la route

KESSEL
• Le Lion

LARSSON
• Millenium I. Les
  hommes qui
  n'aimaient pas
  les femmes

LE CLÉZIO
• Mondo

LEVI
• Si c'est un
  homme

LEVY
• Et si c'était vrai…

MAALOUF
• Léon l'Africain

Malraux
• La Condition
  humaine

Marivaux
• La Double
  Inconstance
• Le Jeu de l'amour
  et du hasard

Martinez
• Du domaine
  des murmures

Maupassant
• Boule de suif
• Le Horla
• Une vie

Mauriac
• Le Nœud
  de vipères

Mauriac
• Le Sagouin

Mérimée
• Tamango
• Colomba

Merle
• La mort est
  mon métier

Molière
• Le Misanthrope
• L'Avare
• Le Bourgeois
  gentilhomme

Montaigne
• Essais

Morpurgo
• Le Roi Arthur

Musset
• Lorenzaccio

Musso
• Que serais-je
  sans toi ?

Nothomb
• Stupeur et
  Tremblements

Orwell
• La Ferme
  des animaux
• 1984

Pagnol
• La Gloire de
  mon père

Pancol
• Les Yeux jaunes
  des crocodiles

Pascal
• Pensées

Pennac
• Au bonheur
  des ogres

Poe
• La Chute de la
  maison Usher

Proust
• Du côté de
  chez Swann

Queneau
• Zazie dans
  le métro

Quignard
• Tous les matins
  du monde

Rabelais
• Gargantua

Racine
• Andromaque
• Britannicus
• Phèdre

Rousseau
• Confessions

Rostand
• Cyrano de
  Bergerac

Rowling
• Harry Potter à
  l'école des sor-
  ciers

Saint-Exupéry
• Le Petit Prince
• Vol de nuit

Sartre
• Huis clos
• La Nausée
• Les Mouches

Schlink
• Le Liseur

SCHMITT
- La Part de l'autre
- Oscar et la
  Dame rose

SEPULVEDA
- Le Vieux qui
  lisait des romans
  d'amour

SHAKESPEARE
- Roméo et Juliette

SIMENON
- Le Chien jaune

STEEMAN
- L'Assassin
  habite au 21

STEINBECK
- Des souris et
  des hommes

STENDHAL
- Le Rouge et
  le Noir

STEVENSON
- L'Île au trésor

SÜSKIND
- Le Parfum

TOLSTOÏ
- Anna Karénine

TOURNIER
- Vendredi ou
  la Vie sauvage

TOUSSAINT
- Fuir

UHLMAN
- L'Ami retrouvé

VERNE
- Le Tour
  du monde
  en 80 jours
- Vingt mille
  lieues sous
  les mers
- Voyage au
  centre de
  la terre

VIAN
- L'Écume des jours

VOLTAIRE
- Candide

WELLS
- La Guerre des
  mondes

YOURCENAR
- Mémoires
  d'Hadrien

ZOLA
- Au bonheur
  des dames
- L'Assommoir
- Germinal

ZWEIG
- Le Joueur
  d'échecs

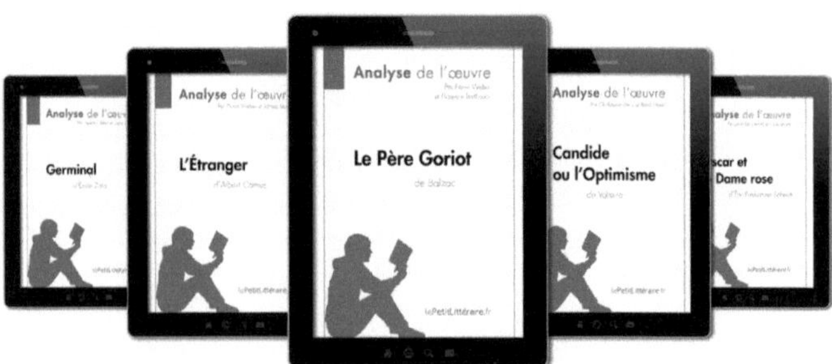